RELATION
DES FUNÉRAILLES

DE

JEAN - FRÉDERIC OBERLIN,

PASTEUR A WALDBACH, MEMBRE DE LA LÉGION D'HONNEUR,

CÉLÉBRÉES

AU BAN - DE - LA - ROCHE,

LE 5 JUIN 1826.

Avec les Discours et les Stances prononcés à cette occasion.

STRASBOURG,

DE L'IMPRIMERIE DE Mme Ve SILBERMANN, PLACE SAINT-THOMAS N° 3.

DÉDIÉ

AUX

HABITANS DU BAN-DE-LA-ROCHE

ET

AUX AMIS D'OBERLIN.

JEAN-FRÉDÉRIC OBERLIN dont le nom est prononcé avec vénération dans toutes les parties du monde civilisé, avait succombé à l'âge, ou plutôt, pour parler avec l'évangile, il avait vaincu la mort, comme pendant toute sa vie il a su vaincre le monde, et son ame ayant obtenu la palme immortelle, il restait à la vallée dont il fut pendant près de soixante ans le père et dont il peut être appelé à juste titre le régénérateur, d'entourer sa dépouille mortelle de toutes les marques de respect et d'amour que peuvent donner des cœurs reconnaissants à un homme d'un si beau caractère et d'un si rare mérite. Ces marques furent données d'une manière éclatante, tant par les bons habitans du Ban-de-la-Roche même que par les nombreux amis et admirateurs du défunt, qui se trouvaient à portée de venir payer le tribut de leur hommage et de leurs

1

larmes à cet homme extraordinaire, et pour la première fois la pompe entoura cet humble sage, quand hélas! il ne lui fut plus possible de s'en défendre. Mais ce n'était pas une pompe mondaine, imaginée par la vanité; c'était plutôt un culte sacré et solennel rendu en actions de grâces à la divinité, à l'occasion de la glorification d'un de ses saints, et dont les cœurs faisaient tous les frais.

De sombres nuages avaient couvert les sommités du Ban-de-la-Roche à la mort de son bienfaiteur, et, pendant les quatre jours qui s'écoulèrent entre cette triste catastrophe et l'enterrement, le ciel versait la pluie, comme des torrents de larmes, dans ces solitaires vallons. Cette intempérie de l'air n'empêcha pas les Bandelarochois de tout âge et de tous les cultes, de venir du fond des vallées, de descendre des plus hautes montagnes, pour contempler les restes inanimés de leur *bon papa*, comme ils l'apelaient tous d'une commune voix; plusieurs étrangers vinrent mêler leurs regrets à ceux des habitans du pays, et le cabinet d'études d'Oberlin, où le cercueil, couvert d'un vitrage, par les soins délicats d'un généreux manufacturier établi à Rothau, et travaillé, dès le premier jour, avec autant de goût que de tendre empressement, par ses ouvriers, se trouvait exposé, ne désemplissait pas de personnes sensibles et reconnaissantes qu'on voyait souvent s'arrêter long-temps à côté de la bière, absorbées dans la méditation et la prière, ou plongées dans une profonde douleur.

Enfin le 5 juin, jour fixé pour l'enterrement, arriva. Dès le matin on vit fendre les nuages et descendre du *Champ du feu* le silencieux cortège des membres ecclésiastiques et laïques du consistoire des églises de Barr, venus d'une distance de cinq lieues, pour rendre le dernier hommage à leur respectable collègue, et pour présider à la triste cérémonie de ses funérailles. Ils étaient accompagnés de plusieurs de leurs paroissiens qui avaient passé la montagne avec eux, pour assister au convoi funèbre. Du côté opposé étaient arrivés et arrivaient encore, par la vallée de Schirmeck, d'une distance de douze lieues, des habitans de Strasbourg, dans le nombre desquels on remarquait plusieurs personnes distinguées par le rang qu'elles occupent dans la société.

Vers midi, le ciel, comme s'il avait voulu montrer à l'innombrable multitude, assemblée pour les obsèques d'Oberlin, l'étonnant ouvrage de la vie d'un seul homme, l'admirable création d'un esprit supérieur, ami de l'humanité, leva tout d'un coup le voile funèbre dont il avait couvert cette vallée en pleurs, depuis la mort de celui qui en fut le père, et la contrée que ce sage a bénie, les forêts qu'il a plantées, les rocs qu'il a couverts de verdure, les champs qu'il a fertilisés, les ruisseaux auxquels il a creusé des lits, les villages qu'il a rendus florissans, les hameaux qu'il a placés dans les endroits les plus pittoresques, les fermes qu'il a peuplées de bestiaux, les routes qu'il a pratiquées dans les rochers, les ponts qu'il a suspendus sur les torrents, parurent, comme par enchantement, dans le plus brillant éclat des rayons du soleil, pendant que les pyramides des montagnes s'élevaient dans la voûte azurée du ciel, comme autant de monumens de la gloire du bienfaiteur de ce pays. En même temps on voyait tous les côteaux remplis des nombreux habitans naguère si heureux, maintenant plongés dans le deuil, qui s'acheminaient tristement vers la demeure de leur bon pasteur.

Midi a sonné. La famille éplorée, réunie pour la dernière fois autour de son respectable chef, voit entrer les maires des villages et les anciens des églises, presque tous vieillards à cheveux blancs. Ils sont venus, pour enlever le cercueil ;

mais ils semblent hésiter. Quel moment! Ah, si ces murs pouvaient parler, combien de nobles pensées, de beaux sentimens, de bonnes actions, de généreux combats, cachés aux humains, auraient-ils à révéler! Si ces objets, répandus avec un ordre admirable sur ces tables, sur ces rayons, dans ces armoires, pouvaient rendre témoignage, comme ils attesteraient le zèle infatigable, l'étonnante activité de celui qui a su consacrer chaque moment de sa vie à quelque entreprise louable devant Dieu et profitable à l'humanité! Combien d'hommes distingués ont été assis sur ces chaises antiques, écoutant avec admiration les paroles de sagesse et de charité sortant de la bouche de ce prophète du désert! Et ce sanctuaire se fermera pour toujours, sur les restes inanimés d'un des plus fidèles serviteurs de Dieu!

Déjà sa dépouille mortelle est descendue dans la cour du presbytère, et placée sous l'ombre des arbres que sa main a plantée, en face de la maison d'école qu'il a bâtie, de l'église qu'il a renouvelée, élargie, ornée. La famille, les amis, le consistoire, les pasteurs, les maires et les anciens sont rangés autour du cercueil. Sur ce dernier, le président du consistoire place le costume ecclésiastique; le vice-président y pose la sainte bible, le maire de la commune de Waldbach y attache la décoration de la légion d'honneur.

Qui oserait le blamer, si, dans ce moment solennel, quelque fidèle avait vu en esprit l'ame glorifiée du défunt, entourée de l'épouse chérie perdue de si bonne heure et qui cependant ne l'avait jamais quitté, de ses enfans et de tant de nobles amis qui l'ont précédé dans le séjour des bien-heureux, contempler du haut des cieux cette scène terrestre se passant si près des tabernacles éternels.

Au son lugubre des cloches qui se fait entendre dans toute la vallée, les habitans des huit villages, formant les deux paroisses de Waldbach et de Rothau, les uns après les autres, en rangs serrés, suivis des enfants conduits par les maîtres d'école, se présentent à la porte qui ferme la cour du presbytère; parmi eux se trouve un grand nombre de personnes qui n'appartiennent ni au culte évangélique ni à ce pays. Tous demandent à contempler encore une fois les traits chéris de ce père des habitans, de ce bienfaiteur de l'humanité, traits qu'après cinq jours la mort n'a pu altérer; et après une allocution cordiale du fils du défunt, pasteur à Rothau, ils passent les uns après les autres à côté du cercueil, offrant le spectacle le plus touchant de l'admiration, de la reconnaissance et de l'amour.

Cette scène intéressante qui dura deux heures entières étant terminée, un chœur de chanteuses, placé autour de la bière, entonna les chants de mort.

A deux heures, le nombreux cortège se mit en mouvement. Il passa par l'église de Waldbach; le cercueil fût porté par les maires et les anciens. En avant du cercueil marchait l'homme le plus âgé du Ban-de-la-Roche, portant la croix à planter sur la tombe, qu'il avait reçue des mains de la fidèle Louise Scheppler. Arrivés devant l'autel où ce vénérable pasteur avait prié tant de fois pour ses paroissiens, et à côté de la chaire où il avait, pendant une si longue suite d'années, annoncé l'évangile du Christ, les porteurs, saisis d'un saint respect, s'arrêtèrent involontairement, et ce sentiment fut partagé par tous ceux qui se trouvaient dans ce moment à l'église. Le service funèbre, ainsi que l'enterrement, devait avoir lieu au village de Fouday, situé à une forte demi-lieue de Waldbach; et tel fut le nombre des assistans, que la tête du convoi était déjà entrée à l'église de Foudai, quand les derniers membres du cortège n'avaient pas encore quitté la demeure du défunt. Sur toute la route, on voyait des deux côtés un grand nombre de personnes qui ne faisaient point partie du convoi, et surtout des catholiques qui ne manquèrent jamais de s'agenouiller en prière à l'approche du cercueil. En avant de ce dernier, marchèrent de jeunes filles qui chantaient à voix douce des cantiques spirituels analogues à cette triste cérémonie.

Lorsque le convoi toucha la banlieue de Foudai, les habitans furent surpris d'entendre saluer le cercueil par le son d'une nouvelle cloche qui, mêlant sa voix plaintive à celle de l'ancienne de la paroisse, semblait vouloir redoubler l'affliction à l'approche du tombeau; c'était un don offert en mémoire de ce jour de larmes, par un philanthrope helvétien, ami intime du défunt, établi dans cette commune.

Arrivé à l'église, le cercueil fût placé devant l'autel. Par des dispositions prises avec un ordre parfait, chacun des principaux assistans obtint sa place dans l'enceinte peu vaste de ce temple modeste, et il y entra, dans un morne silence, autant de monde que possible; les autres s'arrêtèrent, dans un profond recueillement, sur le cimetière et dans les rues attenantes.

Dans le nombre des assistans, on remarqua plusieurs personnes de distinction, entre autres, M. Champy, ancien deputé, le plus riche propriétaire de ce pays, qui a souvent secondé les vues philanthropiques du défunt; M. Legrand, ancien membre du gouvernement helvétique, depuis vingt ans qu'il habite le Ban-de-la-Roche, le bienfaiteur de cette contrée; M. Herrenschneider, professeur à la faculté des sciences de l'académie de Strasbourg, membre de la société biblique; M. Krafft, un des plus zélés coopérateurs d'Oberlin, dans l'œuvre pieuse des missions étrangères; et plusieurs prêtres catholiques placés en face de l'autel.

Le service divin ayant été ouvert par le chant doux et harmonieux des paroissiens, qui semblait calmer les cœurs en les remplissant peu à peu de cette *sainte joie dans la tristesse*, fruit précieux de la piété, M. Jaeglé, pasteur à Barr et Président du Consistoire, monta en chaire et lut d'une voix très-émue l'écrit suivant, tracé de la main du défunt et trouvé parmi ses papiers, après sa mort; il fut composé en 1784.

Je nâquis à Strasbourg l'an 1740, le dernier d'août, et je fus baptisé à l'église de St.-Thomas, le 1er septembre.

Dans mon enfance et dans ma jeunesse; Dieu m'a fait

la grâce de toucher souvent mon cœur, et de me tirer de bonne heure à lui. Dans mes fréquentes infidélités, il a usé envers moi d'une patience et d'une indulgence inexprimables.

L'an 1767, le 30 mars, j'arrivai dans cette chère paroisse en qualité de pasteur, à l'âge de 27 ans.

L'an suivant 1768, le 6 juillet, Dieu me donna pour femme la chère personne à laquelle, après bien des services, vous fîtes les derniers honneurs il y a six mois. Ce fut mademoiselle Magdelaine Salomé, née Witter.

J'en eus neuf enfans, dont deux encore vivans nâquirent au Ban-de-la-Roche, les autres à Strasbourg; deux nous ont dévancés au paradis, et sept nous restent dans ce monde.

Le 18 janvier dernier, dix semaines après ses dernières couches, ma chère femme, en apparence saine et bien portante, me fut arrachée subitement. J'éprouvai malgré mon douloureux abattement, la gracieuse assistance de Dieu d'une manière signalée, dans cette occasion comme en mille autres de ma vie.

Pendant toute ma vie, j'avais un désir souvent très-violent de mourir. Le douloureux sentiment de mes infirmités morales et de mes infidélités trop fréquentes, n'en furent pas la moindre cause.

Ce désir fut enchainé par l'accroissement de ma famille et le tendre amour pour ma femme et mes chers enfans, et souvent par le violent empressement de me rendre utile à une paroisse que je portais dans mon cœur; mais jamais ce désir de la mort ne fut éteint que pendant des intervalles très-courts.

Il n'y a guère moins d'un an que j'eus quelques pressentimens de l'approche de ma fin, je n'y fis guère attention. Mais depuis la mort de ma chère défunte, j'en eus souvent et fréquemment des avertissemens non équivoques.

Des millions de fois je criai à Dieu pour obtenir un abandonnement filial en toute sa volonté, pour vivre aussi bien que pour mourir ; une résignation entière pour ne rien vouloir, ni désirer, ni dire, faire, entreprendre, souhaiter, que selon ce qu'il trouverait de meilleur, lui le bon, le seul sage.

Averti si souvent de ma mort prochaine, j'arrangeai tout ce qui dépendait de moi pour prévenir, autant que possible, toute confusion après mon trépas.

Pour mes chers enfans, je ne crains rien. Aimant d'ailleurs infiniment mieux soulager les autres que de leur occasionner le moindre embarras, je ressens de vives peines pour les chères personnes à qui mes enfans donneront des soucis et des inquiétudes. Que Dieu veuille leur en être une riche récompense.

Mais pour les enfans eux-mêmes, je ne crains point du tout. J'ai trop souvent éprouvé la providence de Dieu pour moi, je connais trop bien sa tendresse, sa sagesse et sa charité divine, pour oser craindre pour eux. Ma chère défunte, leur mère, elle-même n'a jamais connu ni père ni mère, et est devenue meilleure chrétienne que dix mille autres qui ont été élevés par père et mère.

Outre cela, je sais combien Dieu exauce les prières. Or, depuis nos premiers enfans, nous n'avons cessé, leur mère et moi, de supplier Dieu de faire de nos enfans autant de disciples de Jésus-Christ et de valets et servantes dans sa vigne. S'ils le deviennent, Dieu ne les laissera pas manquer du nécessaire, pendant cette petite vie temporelle.

Mais pour vous, ma chère paroisse, Dieu ne vous oubliera ni ne vous abandonnera pas non plus. Il a sur vous, souvent je vous l'ai dit, il a sur vous des pensées de paix et de miséricorde. Les choses iront bien pour vous. Attachez vous seulement à lui, et laissez le faire. O puissiez-vous oublier mon nom, et ne retenir que celui de Jésus-Christ que je vous ai prêché; lui est votre pasteur, je n'en étais que le valet; lui est votre cher maître qui m'avait envoyé vers vous après m'avoir dressé et préparé dès ma jeunesse, pour vous être utile. Lui est le tout bon, le tout sage, le tout-puissant, le tout-généreux, je ne fus qu'un pauvre, misérable et faible mortel.

O faites, chers amis, faites que vous deveniez, à force de prières, tous ses chères brebis. Il n'y a point de salut en aucun autre qu'en Jésus-Christ. O qu'il vous aime, qu'il vous cherche, qu'il est prêt à vous recevoir! allez à lui tels que vous êtes, avec tous vos péchés, toutes vos infirmités; lui seul vous guérira et vous délivrera de vos défauts ; lui vous sanctifiera et vous perfectionnera. O faites que vous soyez à lui, faites qu'à mesure qu'il en mourra d'entre vous, ils meurent tous en lui ; faites que je puisse aller au-devant de vous, et vous accompagner avec chant de triomphe, devant le trône de l'agneau, dans les demeures de la félicité.

Adieu, adieu, chers amis ! adieu ; je vous ai extrêmement aimés. La sévérité même, que j'ai quelquefois crue nécessaire, n'avait pour principale et première source, que le violent désir de vous rendre heureux.

Que Dieu vous récompense des services, bienfaits, déférences, obéissances que vous avez rendus à son pauvre et indigne serviteur ; qu'il pardonne à ceux qui m'ont résisté et fait de la peine, ils ne savaient sûrement ce qu'ils faisaient.

O Dieu, que ton œil soit ouvert sur ma chère paroisse ; que ton oreille soit prête à les écouter, et ton bras à les exaucer et à les protéger.

O seigneur Jésus-Christ ! Tu me l'avais confiée cette paroisse, à moi, misérable ! O permets que je te la recommande, que je la remette entre tes mains.

Donne-lui des pasteurs selon ton cœur, et ne l'abandonne jamais. Dirige et conduis tous les événemens pour son salut. Eclaire-les, conduis, chéris et protège-les tous, et fais que tous, les grands et les petits, les préposés et les particuliers, pasteurs et paroissiens, se rencontrent en leur temps tous en ton paradis. Amen.

O Dieu! père, fils et saint-Esprit, prononce avec nous :
Amen! Amen!

Monsieur le président ajouta :

Voilà, paroissiens de Waldbach, les propres paroles
de votre bon pasteur. Il y a plus de quarante ans qu'il
vous les adressa. Il croyait alors mourir. Dieu vous le
conserva et lui permit de fournir une longue carrière,
dans laquelle chaque pas est marqué d'un bienfait. Il a
achevé la civilisation de ce pays; il y a fondé le royaume
des cieux. Il a porté ses vues bienfaisantes plus loin; sa
charité a embrassé toute la chrétienté, le paganisme même,
en contribuant d'une manière éclatante à l'œuvre pieuse
des sociétés bibliques et des missions étrangères. Vos
cœurs, cette vallée régénérée, la voix de tant de nobles
étrangers, qui venaient des pays lointains visiter cet
homme extraordinaire, contempler les miracles qu'il a
opérés parmi vous, celle des sociétés philanthropiques
dont il fut reçu membre honoraire, celle de l'Assemblée
nationale, qui déclara à la face de toute la France qu'il
avait bien mérité de la patrie, celle de la Société royale
d'agriculture, qui lui décerna la médaille d'or, celle de
son roi même, de ce roi législateur, Louis XVIII, qui le
nomma chevalier de la légion d'honneur, attestent les
éminentes qualités et le rare mérite d'Oberlin, qu'enfin la mort a moissonné, le 1er de ce mois à l'âge de
quatre-vingt-cinq ans, terme reculé de la vie humaine,
et pourtant arrivé trop tôt d'après nos cœurs.

Puis l'orateur lut le texte suivant :

Psaume 103 , verset 1er à 4. « Mon âme , bénis l'Eternel , et que tout ce qui est au dedans de moi , bénisse le nom de sa sainteté ! Mon âme, bénis l'Eternel et n'oublie pas un de ses bienfaits ! C'est lui qui te pardonne toutes tes iniquités ; qui guérit toutes tes infirmités ; qui garantit ta vie de la fosse , et qui te couronne de gratuité et de compassions. »

Apocalypse de St.-Jean , chap. 7 , vers. 14. « Ce sont ceux qui sont venus de la grande tribulation , et qui ont lavé et blanchi leur longues robes dans le sang de l'agneau. »

Après la lecture de ces paroles qu'Oberlin avait choisies lui-même pour être le texte du discours qui serait prononcé à sa mort, M. Jaeglé a dit:

Honneur et gloire à celui qui a détruit les terreurs de la mort , et qui a mis en lumière la vie et l'immortalité par l'évangile. Amen !

Chrétiens !

L'ange de la mort vient de terminer les jours d'un vieillard vénérable , qui, pendant plus d'un demi-siècle, a été l'un des serviteurs les plus fidèles de Dieu, un des ornemens de son église , et en quelque sorte le génie tutélaire de la communauté qu'il s'était chargé de conduire dans les voies du salut , et d'éclairer de la lumière de l'évangile.

Sa pénible et glorieuse carrière est finie. La frêle machine de son corps s'est brisée, affaissée sous le poids des années. Son âme immortelle, affranchie des liens qui l'attachaient à la terre, s'est élancée vers le trône de celui dont il célébrait si dignement l'ineffable grandeur, et pour qui son cœur brûlait de la flamme la plus pure et la plus ardente.

Ah! pourquoi ce cœur si aimant a-t-il cessé de battre! cette bouche d'où ne sortaient que des paroles de sagesse, de vertu et de consolation, pourquoi s'est-elle close ; ces mains toujours ouvertes pour soulager les pauvres, pourquoi se sont-elles fermées à jamais? Pourquoi celui, qu'une population entière, heureuse par ses soins, aimait à nommer son père, lui a-t-il été ravi? Comment la gloire de ces contrées s'est-elle évanouie dans la nuit des tombeaux! Respectons, mes frères, adorons les décrets de la Providence! Ne vous a-t-elle pas offert en lui, pendant tant d'années, le modèle de toutes les vertus chrétiennes; ne vous a-t-elle pas présenté par lui les motifs les plus puissans de marcher dans la voie du Seigneur, de rester inébranlables dans votre foi, et de la prouver par une vie toute consacrée à la piété et à la charité! N'a t-il pas assez vécu, ce digne ministre de l'Evangile? Voudriez-vous qu'il eût eu plus long-temps encore à combattre les peines de la vie, à aspirer à la couronne impérissable qui attend les justes au bout de la carrière? Non, que Dieu soit loué des jours nombreux qu'il lui a été donné de vivre sur la terre, et qu'il a tous consacrés au service de l'église de Jésus-Christ et au bonheur de ses frères ; mais qu'il soit béni aussi pour avoir exaucé les ferventes prières de notre vénérable ami, en mettant un terme aux infirmités qui accablaient sa vieillesse, et en le rappelant auprès de lui, dans l'heureux séjour de la paix ! Oui, comment en pourrions-nous douter, dans le séjour de la paix, dans la demeure des justes, dans cette autre patrie que Jésus-Christ nous a promise, où chacun moissonnera ce qu'il a semé ici-bas, où une éternelle félicité attend ceux qui, persévérant à bien faire, cherchent la gloire spirituelle et l'immortalité. Et qui, plus que celui que nous pleurons et que nous ne cesserons de regretter, à persévéré à bien faire ? Qui plus que lui à semé de manière à pouvoir espérer, dans les champs fortunés d'un monde meilleur, une riche et abondante moisson de félicités ?

Ah ! qui oserait en douter ? Est-il un seul, parmi ceux qui l'ont connu de près ou de loin, que le nom du digne pasteur de Waldbach ne pénètre de respect et d'admiration ? qui ne dise avec une conviction profonde en rendant les derniers devoirs à sa dépouille mortelle : Voilà comment il faut servir Dieu et aimer les hommes ! C'est ainsi qu'il faut avoir vécu pour mourir en paix ?

Oui, Oberlin fut un bon et fidèle serviteur de Dieu, de ce Dieu qui couronne *de gratuité et de compassion* celui qui, dans toutes ses pensées et dans toutes ses actions, n'a d'autre but que de remplir sa sainte volonté.

Essayons, d'après notre texte, de tracer le *portrait*

du véritable serviteur de Dieu : le chrétien l'est d'abord par *les sentimens qui l'animent ,* et ensuite par *les œuvres qui en découlent.*

I. *Mon âme, bénis l'Eternel, et que tout ce qui est au-dedans de moi, bénisse le nom de sa sainteté !* Qui tient, mes chers frères, un pareil langage; qui peut ainsi s'exciter lui-même à bénir, à louer l'Eternel de toutes ses forces, si ce n'est une âme pénétrée de cette haute et consolante vérité : qu'il y a un Dieu, un être parfait, auteur de toutes choses; un Dieu qui régit l'univers et qui veille sur toutes ses créatures? Si ce n'est celui qui partout où il porte ses regards , trouve l'empreinte d'une puissance sans bornes, d'une sagesse profonde , d'une bonté ineffable ; qui sent en lui-même qu'il respire sous sa protection, qu'il peut se confier à sa garde, à sa providence paternelle, et en espérer tout ce qu'il lui faut pour atteindre à la perfection dont sa nature, ouvrage de ce Dieu, est susceptible?

L'idée d'un Dieu unique entrevu dans sa grandeur, dans sa majesté, ne remplit-elle pas un cœur droit et honnête du plus profond respect, de la plus haute admiration? n'élève-t-elle pas, n'ennoblit-elle pas notre âme, d'autant plus que nous nous sentons sous l'heureuse influence de son pouvoir, de sa grâce, de ses bénédictions innombrables ?

Mon âme, bénis l'Eternel, et n'oublie pas un de ses bienfaits. N'oublie pas un de ses bienfaits ! Et par qui respirons-nous, qui nous a donné, qui nous conserve les forces du corps et les facultés de l'âme, qui nous ouvre tant de sources de plaisirs et de jouissances pré-cieuses? qui est-ce qui nous console dans les soucis, les revers, les momens tristes de notre vie? qui est-ce qui nous présente un avenir où nos larmes cesse-ront de couler, où finiront toutes nos peines, où nous goûterons une félicité inaltérable? qui éclaire notre esprit du flambeau de la vérité; qui fait entrer dans notre cœur la paix et l'espérance? Il y a plus en-core! Qui a daigné nous envoyer du haut des cieux un sauveur, pour nous délivrer de tout ce qui nous dégrade et nous rend malheureux, et pour nous montrer le che-min que nous avons à suivre pour être un jour unis à lui à jamais? Ah, grand Dieu, tes bienfaits sont innom-brables; comment ton serviteur pourrait-il les oublier jamais? comment ne pas nourrir au-dedans de lui le sentiment perpétuel de ta bonté, de ta clémence? com-ment ses paroles, de concert avec ses actions, ne ma-nifesteraient-elles pas les sentimens d'un cœur qui t'adore, qui brûle pour toi?

Appliquez, mes frères, ce que nous venons de dire, à l'homme vénérable que nous pleurons, et que le Tout-Puissant vient d'appeler à lui? Le fidèle serviteur de Dieu vit toujours en sa présence; le digne pasteur qui vient de vous quitter le perdait-il jamais de vue? Penser à son créateur, élever son âme vers lui, raconter ses merveilles, admirer ses perfections, n'était-ce pas là pro-prement sa vie? n'était-ce pas là le sujet continuel de

2*

ses entretiens? s'en lassa-t-il jamais? ne saisissait-il pas,
avec toute la chaleur qui lui était propre, toutes les
occasions de le glorifier et d'inspirer à tous ceux qui
l'approchaient, les mêmes sentimens de vénération et
d'admiration dont lui-même était si profondément pénétré? Sa figure, ses yeux, tout son être ne rayon-
nait-il pas, pour ainsi dire, d'un éclat céleste,
lorsqu'il parlait de celui dont toute son âme était
remplie.

Et cette âme, quand est-ce que vous ne la trouvâtes
transportée, ravie des bontés dont le Seigneur ne cesse
de combler tous ses enfans? Cet homme pieux oublia-
t-il jamais un bienfait, une grâce que la Providence lui
avait accordée? Son cœur ne s'épanchait-il pas toujours
avec ferveur en actions de grâces envers l'auguste dis-
pensateur de tout bien? Et qui nous dira ce que son
cœur si aimant éprouvait, comme il était touché, con-
fus, transporté en réfléchissant à la miséricorde divine,
qui a offert aux mortels le pain de la vie, la source pure
et intarissable de tout repos, de toute espérance, de
tout salut en Jésus-Christ et en son saint Evangile?
Quel mortel a été plus profondément pénétré de vénération envers le Très-Haut? Qui a uni à la connaissance
de Dieu un amour plus sincère? Quel chrétien s'est
voué avec plus de zèle, avec plus de constance, au service de son divin rédempteur? Et comment aurait-il pu
aimer Dieu, et l'adorer en esprit et en vérité, sans que ces
sentimens eussent été suivis de leurs conséquences immé-

diates : l'amour du devoir, l'humilité et la charité. Le vrai disciple de Jésus-Christ ne saurait être indifférent pour l'emploi de son temps, pour l'usage de ses facultés. Il sait que ces moyens lui ont été confiés par la souveraine sagesse pour travailler sans relâche à son perfectionnement; pour porter tous ses efforts vers un but sublime, pour opérer tout le bien possible dans le poste qui lui a été assigné. Il est au service de Dieu; c'est pour le glorifier et pour se rendre utile à son prochain qu'il a reçu l'existence.

Ah! que le sentiment du devoir était puissant dans l'âme du digne pasteur que la mort vient de nous enlever; quel prix les momens fugitifs de cette vie fragile n'avaient-ils pas pour lui! comme il avait toujours présente à son esprit la parole de son divin maître : « Il me faut faire les œuvres de celui qui m'a envoyé, tandis qu'il est jour; la nuit vient dans laquelle personne ne peut travailler. »

Le jour a été bien long durant lequel il fut donné au patriarche de ces vallées de travailler à remplir de pieux devoirs. Il avait un vaste champ à cultiver, et vous savez s'il s'est acquitté avec honneur de sa noble mission. Nous aussi, nous travaillons, mes frères, nous croyons faire le bien; nous nous appliquons à remplir nos devoirs, et nous jetons nos regards avec complaisance sur les monumens de notre activité, de notre industrie; nous comptons une à une les bonnes qualités que nous possédons; mais nous oublions si facilement la source

d'où vient tout ce que nous avons fait, ce que nous
pourrons faire, la main invisible qui nous assiste; nous
oublions la bénédiction du ciel, sans laquelle rien ne
saurait nous réussir, et nous ne pensons guères à nos
faiblesses, à nos fautes, et surtout au précepte de l'Evangile (St.-Luc, 17, 10) : Quand vous aurez fait toutes
les choses qui vous sont commandées, dites : Nous som-
mes des serviteurs inutiles, parce que nous n'avons fait
que ce que nous étions obligés de faire. La présomption, la
vanité, l'orgueil enflent notre cœur, et dénaturent le bien
que nous prétendons avoir fait, et lui ôtent tout son
prix. Et que signifient les qualités les plus précieuses que
l'homme puisse posséder, les actions les plus brillantes
par lesquelles il s'élève au-dessus de la foule, lorsque
la modestie et l'humilité ne les accompagnent et ne les
couronnent pas. Oberlin, homme juste et vertueux ! tu as
fourni une belle carrière. L'amour de ton Dieu, ton
imagination ardente, ton esprit vif, ton cœur bon et
aimant ne te permirent pas de laisser s'enfuir les précieux momens de la vie sans en faire le plus noble usage.
Tu n'as cessé de remplir scrupuleusement les devoirs
que ta vocation t'imposait. Tu ne travaillais pas en vil
mercenaire dans la vigne du Seigneur. Tu éclairais les
esprits, tu formais les cœurs pour le royaume des cieux.
Tu appelais autour de toi tous ceux qui t'étaient confiés, comme une tendre mère appelle ses enfans chéris.
Tu créais autour de toi, nous pouvons le dire, un nouveau monde moral et physique. Tu recherchais la de-

meure du chagrin, de l'indigence ou de la douleur, partout où tes pas te portaient, pour répandre la consolation, la paix et la joie. Tes talens, tes vertus éminentes, ta piété exemplaire, ta bienfaisance éclairée et infatigable, t'attirèrent de près et de loin les hommages les plus justes et les plus mérités. En fus-tu ébloui, démentais-tu jamais cette noble modestie, l'apanage des belles âmes, l'ornement du vrai chrétien ?

C'est lui qui te pardonne toutes tes iniquités, qui guérit toutes tes infirmités, qui garantit ta vie de la fosse, qui te couronne de gratuité et de compassions. Ah ! notre excellent ami regardait moins ses mérites, ses qualités estimables, le respect, l'amour et l'admiration dont il était l'objet, et le bien qu'il faisait, que ses défauts, les imperfections dont il ne se croyait pas exempt, et c'est dans la miséricorde de Dieu, manifestée par Jésus-Christ, qu'il mettait uniquement sa confiance, et non dans ses œuvres, quelque belles et quelque louables qu'elles pussent paraître, et c'est par la foi en son Sauveur qu'il espérait trouver grâce, et être admis au nombre des élus et des bienheureux.

Et comment le chrétien couronné *de gratuité,* de faveurs, de bienfaits par son Dieu, qui ne lui doit rien; garanti par lui des tempêtes de la vie; recevant de lui seul dans l'adversité, protection et consolation, comment pourrait-il jamais perdre de vue sa propre faiblesse et son impuissance et se laisser entraîner par l'ingratitude et la folie de l'orgueil ?

Le fidèle serviteur de Dieu joint à tous ces sentimens indispensables la charité. C'est d'après le grand apôtre (Rom. 13) la vertu suprême; c'est elle que nous recommande Jésus-Christ et par ses préceptes et par ses exemples. Bannissez-la du cœur des mortels, le séjour sur cette terre ne sera plus qu'un séjour d'iniquité et de misère; qu'elle anime, qu'elle enflamme toutes les ames, notre séjour passager ici-bas nous donnera l'avant-goût des délices de cette vie meilleure après laquelle nous soupirons. Au reste comment connaître, aimer, adorer Dieu; comment se dire le disciple, l'ami du Christ, sans être pénétrés de la plus sincère bienveillance pour nos frères, pour ceux qui partagent avec nous la même origine, les mêmes besoins et la même destination?

En disant que la charité est la vertu la plus indispensable pour quiconque prétend aimer Dieu et Jésus-Christ; qu'elle seule prouve notre amour de Dieu et notre foi; que sous son influence salutaire les maux de l'humanité disparaissent ou deviennent moins sensibles, qu'elle seule nous prépare dans un monde à venir une destinée glorieuse; je vous demande avec confiance, chers chrétiens, cette vertu était-elle connue et pratiquée par notre respectable ami?

Et qu'est-ce donc qui le rendait si révéré partout, qui portait sa réputation bien au-delà de ces montagnes, qui lui attirait la vénération autant des habitans du pays que des étrangers, si ce n'est cet esprit bienvieillant, ce cœur noble qui embrassait avec la même chaleur

et les intérêts de la religion et ceux de l'humanité souf-
frante ! Nommer Oberlin, n'est-ce pas rappeler la charité la plus active et la plus persévérante ? N'étaient-ce
pas ses œuvres faites en Dieu qui illustrèrent sa vie et
qui laisseront, long-temps encore après son trépas, des
traces honorables d'une existence vouée tout entière au
bonheur de ses semblables, Prêtez-moi votre attention
encore quelques instans sur ce dernier point.

II. Le digne serviteur de Dieu et de Jésus-Christ ne
se contentera pas de bénir, de louer l'Eternel dont il
éprouve à tout moment la bonté protectrice et qui lui
promet une félicité future sans bornes. La vie qui plait
à notre père céleste, et qui nous rapproche toujours
plus de lui, ne consiste pas en sentimens stériles, en
oisives contemplations. Qui aime Dieu, agit ; sa sainte
volonté est la règle de sa conduite ; son modèle auguste,
celui en qui il croit, et dont il doit suivre les traces. Les
heures fugitives de la vie qu'une providence paternelle
nous accorde, ah, qu'elles peuvent être dignement rem-
plies ! Que de jouissances pures nous pouvons nous pro-
curer par l'emploi sage de notre temps ! quel avenir
riant et heureux nous pouvons nous préparer, en faisant
notre devoir ! L'homme, par ses forces physiques, par
ses facultés intellectuelles, combien ne peut-il pas contribuer au bonheur de ses semblables, pourvu qu'il en
ait la ferme volonté ! Ne voyons-nous autour de nous
que des cœurs remplis de joie ? la douce paix demeure-
t-elle dans toutes les maisons, dans toutes les cabanes ;

le chagrin dévorant, le malheur , le désespoir sont-ils inconnus au milieu de nous? l'ignorance a-t-elle partout fait place à la lumière? enfin, toutes les ames sont-elles vivifiées et ennoblies par les saintes doctrines de l'Evangile? Quel vaste champ ouvert devant nous pour exercer notre charité ! Ne sont-ce pas des œuvres faites en Dieu, lorsque nous nous imposons la tâche glorieuse d'élever l'esprit de nos frères vers l'être suprème , lorsque nous nous efforçons d'en bannir la triste nuit de l'ignorance, que nous adoucissons leurs peines, que nous faisons fuir loin d'eux les chagrins qui les dévorent, que nous essuyons leurs larmes, lorsque le malheureux est l'objet sacré de notre compassion et de nos soins !

Oberlin ! tu avais la ferme volonté de faire le bien et tu l'as fait; tu t'es érigé dans les cœurs un monument impérissable, en portant en sacrifice ta vie entière pour la cause de Dieu et de l'humanité. Tu fixas de bonne heure tes regards paternels sur ceux qui t'étaient confiés; leur bien-être temporel , de même que leur salut spirituel, fut ton unique occupation; tu ne respirais que pour eux. Tu fus l'appui des vieillards; le père de l'âge faible et inexpérimenté; tu fus pour eux le ministre de la providence, lorsque des temps de malheur les menaçaient de les accabler sous le poids de la misère. Ta main et ton cœur furent toujours ouverts à l'infortune, à l'indigence; tu partageais le dernier morceau de pain avec le pauvre. Pendant l'espace de près de soixante ans, tu ne fus occupé que de rendre les habitans du Ban-de-la-Roche plus vertueux et plus heureux, que de bannir par tes exhortations et plus encore par tes exemples l'oisiveté et l'indolence. Tu leur découvris des moyens multipliés d'une nouvelle existence, et tu les encourageas à une vie réglée et laborieuse. Bientôt l'œuvre de ta main fit sensation dans le monde civilisé. On apprit qu'il existait au milieu des Vosges une population fortunée, distinguée par la simplicité de ses mœurs et par son obéissance aux lois de l'Evangile ; on accourut de toutes parts, et à la demande du voyageur étonné : Quel est l'auteur d'une si belle création ? on répondit : C'est le vénérable Oberlin ; c'est l'œuvre de sa piété et de sa charité.

Et cet esprit de charité, ne l'as-tu pas excité, nourri, porté au plus haut dégré dans cette communauté chrétienne ? Quelle infortune publique ou privée ne trouve pas de riches soulagemens chez tes pauvres ouailles ; quelle invitation à contribuer à quelque bonne œuvre, à préparer une bonne éducation, à propager les vérités de la religion; qu'elle prière pour venir au secours des incendiés, pour alléger la détresse de pauvres inondés, n'est pas accueillie ici avec empressement, et suivie souvent d'un résultat qui surpasse toute attente ? Ce sont là les fruits de l'exemple que tu as donné d'une charité sincère, désintéressée, et qui ignorait toute distinction de culte et de pays. Aussi les larmes des chrétiens de toutes les dénominations se confondent sur ta tombe, et nous apprennent que la tolérance et la charité, vertus éminentes du sage, unissent tous les cœurs.

Je craindrais d'offenser ta mémoire, illustre Oberlin, si je voulais m'étendre davantage sur tes éminentes qualités, sur l'enthousiasme de ta piété, sur tes belles actions. Tu n'envisageais en tout ce que tu faisais que la gloire de ton Dieu, et l'exemple de ton Sauveur. L'intérêt ou l'ambition ne fut jamais ton guide, tu ne briguas jamais les honneurs de ce monde; tu ne mettais de prix aux biens de cette terre, qu'autant qu'ils pouvaient te fournir les moyens de secourir et de consoler tes frères. Tu ne laisses aux tiens, pour tout héritage, que le souvenir de ta piété, de tes vertus, de ta carrière bienfaisante. Tes enfans dans leur deuil, trouveront la plus grande consolation dans la pensée d'avoir eu un père pareil. Le souvenir glorieux de ce qu'il a été, leur vaudra la plus riche succession, et ils diront avec nous tous, en bénissant l'Eternel : Bienheureux sont les morts qui meurent au Seigneur dès-à-présent. Oui, certes, dit l'esprit, car ils se reposent de leurs travaux, et leurs œuvres les suivent. Amen.

Ce discours, qui fut écouté dans un profond recueillement et qui fit verser bien des larmes, étant terminé, et l'orateur ayant annoncé qu'on allait prier Dieu, tous les paroissiens se mirent à genoux et répétèrent, dans le fond de leurs cœurs et avec une ferveur visible, les paroles suivantes, prononcées du haut de la chaire :

Dieu tout-puissant, nos jours sont en tes mains, tu règles toutes nos destinées avec la plus haute sagesse. Par ta volonté, nous entrons dans cette vie et nous rentrons dans la poussière quand tu l'ordonnes. Grâces te soient rendues pour les sublimes consolations que tu nous a données par l'Evangile de ton fils qui est venu nous annoncer la vie et l'immortalité; consolations sans lesquelles nous serions livrés au désespoir, lorsque ceux que nous aimons nous sont ravis par la mort, ou quand elle s'approche de nous avec ses terreurs. Que la sagesse, que l'amour du bien émanant de toi, source de tout bien, nous accompagne dans notre route vers l'éternité; que nous y passions un jour, comme tes enfans soumis et fidèles, avec la conscience d'avoir suivi tes commandemens, et d'avoir préféré le salut de nos ames aux biens et aux plaisirs trompeurs de la terre.

Seigneur, notre Dieu, tu as appelé vers toi notre bon pasteur, notre bon père; tu lui as donné une place dans les demeures éternelles qui sont préparées aux justes. O! que son souvenir se conserve parmi nous; que l'amour de toi et de ton fils qu'il a tâché de nous inspirer, que l'amour de la religion, sans laquelle il n'y a ni paix ni espérance, ne s'effacent jamais de nos cœurs ! C'est alors que nous reverrons dans un meilleur monde, quand le sommeil de la mort aura fermé nos paupières, celui dont nous pleurons en ce moment la perte, et que nous nous réjouirons avec lui du salut éternel auquel tu nous as appelés par notre Sauveur Jésus-Christ. Amen !

Après cet acte de dévotion, le chœur des jeunes filles termina le service funèbre par un dernier chant, dont les accens mélodieux et tristes retentirent au fond de toutes les ames.

La bénédiction donnée, les anciens soulevèrent le cercueil et le portèrent au cimetière, suivis de la famille, du consistoire et des amis. La foule qui se pressait autour du tombeau ouvrit respectueusement un passage. La fosse était creusée sur une petite éminence s'élevant au milieu du cimetière à côté de l'église, à l'ombre d'un saule pleureur planté sur le tombeau d'Henri Oberlin, pieux fils du défunt.

Quelle plume pourrait décrire l'imposant aspect que présentait alors le cimetière! Sur le bord de la tombe, le cercueil renfermant les restes chéris d'Oberlin, près de disparaître à jamais; les mains débiles des vieillards, tenant les cordes et tremblant de faire descendre dans la nuit du sépulcre celui qui leur avait appris à ne pas la craindre pour eux-mêmes; la famille et les amis baissant les yeux et les fixant sur la terre à travers les larmes. Plus loin, à perte de vue, les paroissiens, les catholiques, les anabaptistes, les étrangers, confondus dans une même douleur, levant les têtes et semblant appréhender le terrible moment de la sépulture, laissent un libre cours aux larmes qu'ils ne songent plus à essuyer; des sanglots seuls interrompent le morne silence qui règne dans ce séjour de la mort.

Dans ce moment suprême, M. Braunwald, pasteur à Goxviller, vice-président du consistoire, placé en tête du cercueil, prend la parole et prononce, avec une émotion toujours croissante, partagée par toute l'assemblée, et d'une voix tremblante, mais forte, les mots suivans qui tombent, comme des traits de feu, dans toutes les ames:

Chrétiens, mes frères!

Nous venons de faire une grande et sensible perte; le bon père Oberlin nous a quitté; il a terminé en paix sa carrière terrestre. Autour de sa tombe je vois les fidèles des deux paroisses du Ban-de-la-Roche, les fidèles de Waldbach et de Rothau, unir leur douleur et leurs larmes à celles des enfans et des nombreux amis du vénérable défunt. — Si, pénétré de sentimens d'amour et d'admiration pour le vénérable pasteur de Waldbach, je parle dans ce jour de deuil, je sens bien, mes frères, qu'il m'est impossible de vous retracer dignement les hautes vertus et les belles qualités de l'homme de bien que nous pleurons.

Notre église consistoriale perd en ce vieillard respectable un des pasteurs les plus zélés, un homme distingué par ses talens et ses vertus; la paroisse de Waldbach, le Ban-de-la-Roche en général , un bienfaiteur, le père le plus tendre; sa famille, ses amis, leur modèle, la source de leur bonheur; l'humanité, un de ses plus-beaux ornemens. Quelle ame pure et élevée, quelle simplicité, quelle affabilité , quelle indulgence, quelle droiture, quelle candeur avons-nous admiré en ce bien-heureux vieillard! Plus qu'octogénaire, le vénérable Oberlin fit servir ses forces défaillantes à la gloire de son Dieu et jusqu'au dernier soupir, il a imploré les secours de l'Eternel sur cette chère paroisse , centre de toutes ses affections.

Quels tendres soins il a portés à ce troupeau chéri, confié à sa garde et à sa conduite! Digne serviteur de son divin maître , zélé successeur des apôtres , il se dévouait tout entier au bonheur de ses semblables. Pendant cinqante-neuf ans il a voué toutes ses forces physiques et intellectuelles , tout le temps de sa vie toute laborieuse à la civilisation de cette intéressante contrée , civilisation déjà commencée par le pieux Stuber, avec le désintéressement le plus noble, avec une fermeté imperturbable, avec un zèle à toute épreuve, il a, en sacrifiant volontiers toute sa fortune , tout fait, pour que la sécurité, l'aisance, le bien-être habitassent vos humbles demeures.

C'est au bon pasteur Stuber et à Oberlin, votre père, que vous devez vos églises et vos écoles; c'est Oberlin qui a formé vos instituteurs; c'est lui qui a fait couvrir vos rochers nus et arides de terre fertile ; c'est lui qui a changé tous ces hameaux en villages florissans; c'est lui, qui travaillant avec vous, a fait réparer et élargir vos chemins; c'est lui qui témoignait une noble compassion à vos pauvres, qui les nourrissait dans les temps de disette; c'est lui qui a secouru les veuves et les orphelins, qui a protégé les délaissés; c'est lui... mais arrêtons-nous : vos cœurs reconnaissans parlent, vous acheverez vous-mêmes ce faible tableau de ce qu'il a fait pour votre prospérité. Dans son humanité, Oberlin ne se laissait point borner par des vues étroites, il ne faisait point de distinction de culte, il était persuadé que l'intolérance déshonore la charité.

Qu'était-il dans le sein de sa famille? Ah qui l'a pu y voir sans être touché, ému, attendri ! Qu'était-il à sa chère compagne; à toi valeureux Frédéric; à toi pieux Henri, à vous bien-heureuse Fidélité, à vous zélé Wolff; à vous nos amis, Charles et Sophie, Henriette et Graf; à vous bon Graf qui pour remplir les devoirs d'une piété filiale voulûtes soulager le bon père de toutes ses fonctions pénibles, à vous Louise et Witz, Frédérique et Rauscher; à vous ses petits fils et petites filles; à vous bonne Louise Scheppler? — Quel époux, quel père et ayeul ! Quel accord, quelle unité, quel amour, quelle piété filiale dans cette heureuse famille ! — Qu'était-il à ses nombreux amis? à toi noble, patriarcale et pieuse famille de Fouday, à vous digne et respectable Legrand?

Le pieux Oberlin ranimait le flambeau de la foi, illustra la religion dans nos contrées. Plus encore que du bien-être de ce monde, il s'occupait du salut de vos ames immortelles. La gloire de tous ses efforts, le prix de toutes ses sollicitudes était votre bien-être spirituel, fidèles de la paroisse de Waldbach !

Avec quel feu, quelle action, quelle simplicité, quelle persévérance il vous prêchait l'évangile du Christ, ce don précieux du ciel, les vérités de la religion gravées dans son cœur ! Il vous enseignait à trouver dans la sainte Bible, dans les préceptes de Jésus-Christ, le remède à tous vos maux, la ressource à toutes vos misères, la véritable source des plaisirs les plus purs, du bonheur de la vie présente et de la vie future. C'est, l'évangile à la main, qu'il vous a purifiés, éclairés, consolés, sanctifiés. N'est-ce pas lui qui, par sa parole et ses exemples, a nourri dans vos cœurs l'amour de Dieu et des hommes; n'est-ce pas lui qui vous a conduits auprès de ce rédempteur qui a souffert pour nous; à cette vertu toute chrétienne, à cette foi fervente qui fait la félicité du chrétien; qui vous a présenté notre adorable Sauveur dans les demeures célestes, où il nous attend, où il est allé nous préparer une place; n'est-ce pas lui qui vous a si souvent exhortés à travailler pour l'aliment qui est permanent jusque dans la vie éternelle? [1]

____
[1] Saint-Jean XIV, 2; VI, 27.

C'est à votre digne patriarche que vous devez cette parole de grâce ; c'est lui qui vous a distribué cette manne qui nourrit vos ames ; c'est lui qui a porté l'évangile dans vos maisons et dans les cabanes de tant de pauvres hors de cette paroisse. Oh ! mes frères, puisez dans ce trésor qui ne tarit jamais, qui s'enrichit à mesure qu'on y puise ! Bénissez le nom d'Oberlin, bénissez la mémoire de ce juste qui peut dire en vérité avec Saint-Paul, le grand apôtre [1] : « J'ai servi le Seigneur en « toute humilité, avec beaucoup de larmes et parmi « beaucoup d'épreuves. Je ne me suis épargné en rien « de ce qui vous était utile, vous ayant prêché, et ayant « enseigné publiquement et par les maisons, vous conjurant de vous convertir à Dieu et de croire en « Jésus-Christ, notre Seigneur. Je ne fais cas de rien, « et ma vie ne m'est point précieuse, pourvu qu'avec « joie j'achève ma course et le ministère que j'ai reçu « du Seigneur Jésus, pour rendre témoignage à l'évangile de la grâce de Dieu. J'ai passé parmi vous en « prêchant le royaume de Dieu. Je vous prends à témoins « que je suis net du sang de tous. Car je ne me suis « point épargné à vous annoncer tout le conseil de Dieu. « Je n'ai convoité ni l'argent, ni l'or, ni la robe de « personne. »

Ne retrouvez-vous pas dans ces traits l'image de votre vénérable pasteur Oberlin !

Et, mes frères, qu'a-t-il fait pour la propagation de

[1] Actes, ch. XX, 18 et suiv.

la sainte religion de Jésus-Christ, pour la propagation de nos livres saints? Parlez, sociétés bibliques de Strasbourg, de Paris et de Londres! Parlez institutions des missions de Bâle et de Paris! Que d'argent il a su amasser, que de dons il a fait parvenir à ces pieuses sociétés, pour que la bible soit répandue partout, pour que la doctrine du Christ pénètre même dans les climats les plus sauvages, chez les nations les plus barbares; pour que Dieu et le Sauveur soient adorés par tous les habitans de la terre. Quelle jouissance pour lui, de voir en parcourant les rapports des sociétés bibliques et des missions, la bénédiction du Seigneur répandue sur son œuvre!

Sa carrière pleine d'épreuves, de privations et de dangers, ses longues souffrances ont révélé son âme tout entière et les vertus sublimes dont elle était le foyer. Une patience que rien ne pouvait altérer, une résignation éminemment chrétienne l'ont toujours rendu supérieur à tous ses maux. Il a envisagé la mort d'un œil ferme, avec le calme et la sérénité du juste. En quittant cette terre, il se recommanda à son Dieu, il pria pour sa famille, pour ses amis, pour sa paroisse; et en bénissant la terre, son ame s'est élancée dans les cieux. Oberlin nous a quittés; sa mort fut la récompense de sa vie toute remplie de bonnes œuvres, d'actions justes et généreuses.

Quel concours à son convoi funèbre, quel deuil, que de larmes! Deux paroisses, huit communes, cette foule d'amis, d'étrangers, tous nous disons d'une voix : c'est

un homme de bien auquel nous rendons les derniers
devoirs ; c'est Oberlin, notre père , notre bienfaiteur
que nous pleurons; c'est l'amitié , le respect, la reconnaissance qui nous ont amenés à cette tombe! — Ses
cendres reposeront au milieu de vous , bons habitans du
Ban-de-la-Roche; cette tombe qui renferme ses restes
mortels, sera pour nous tous un lieu sacré. Nous montre-
rons cette tombe à nos enfans et nous leur dirons : Ici,
repose Oberlin notre père. Il nous a rendus heureux ,
son image est gravée dans nos cœurs ; l'amour est plus
fort que la mort ; Waldbach sera un monument permanent de sa gloire ; les noms d'Oberlin et de Waldbach
seront à jamais unis dans la mémoire des hommes.

Adorons les voies de la providence, mes frères ! A la
place du vénérable père , le Seigneur vous a donné le
digne époux de la fille d'Oberlin , l'ami de son cœur, le
serviteur selon le cœur de Dieu. C'est le bon père lui-
même qui a fait ce choix, et ce choix est un nouveau
signe de la protection du ciel sur ce troupeau. C'est
avec une parfaite confiance qu'Oberlin a remis à ce successeur le dépôt sacré dont le divin maître l'avait chargé.

Eh oui, chrétiens, adorons tous cette providence qui
nous unit et nous sépare , nous afflige et nous console ,
entrons dans ses vues , accomplissons ses desseins sur
nous. Soyons unis des nœuds de cette charité, qui est
le plus parfait de tous les biens ; aimons-nous pendant
cette vie mortelle , aimons-nous encore au-delà. Aimons-
nous en Dieu dans le sein duquel nous nous retrouve-

rons un jour pour être réunis à jamais ; si nous le ser-
vons ici-bas avec fidélité. Vouons à ce Dieu tout bon
une entière résignation, une foi inébranlable. Que le
père de toute miséricorde soit le consolateur et l'appui
de la famille affligée, des amis du vénérable défunt, de
cette paroisse remplie de deuil !

Adieu, vénérable Oberlin ! dans les demeures célestes, tu moissonnes ce que tu as semé, tes œuvres
te suivent ; délivré de tous les maux, ton Seigneur
te dira : « Je connais tes œuvres, ta charité, ta foi, ta
patience » [1]. Adieu, noble ami, adieu respectable père !
Jamais ton image ne s'effacera de notre ame, toujours
tu seras l'objet de notre vénération ; ta mémoire, la mémoire du juste, demeurera à jamais en bénédiction.
Amen !

L'émotion était au comble, quand M. Ehren-
fried Stœber, homme de lettres et avocat à
Strasbourg, qu'Oberlin a toujours aimé comme
son fils, se présenta, pour réciter quelques stances composées en langue allemande et exprimant,
dans un style élevé, les plus hautes pensées et les
plus nobles sentimens [2].

On allait achever la sépulture, quand M. Bédel,
médecin cantonal à Schirmeck, sortit de la foule,

[1] Apocal. II, 19.

[2] Ces stances, avec la traduction en français, sont ajoutées
à la fin de cette relation.

pour manifester le désir d'honorer la mémoire d'un grand homme par quelques mots dictés par l'admiration de ses éminentes qualités, et l'assemblée écouta les paroles suivantes avec autant de sensibilité qu'elles furent prononcées :

Au milieu de la douleur générale, qu'il me soit permis de rendre un dernier hommage à l'homme vénérable que la mort vient de nous ravir.

Il a disparu du milieu de nous, celui qui aurait du être immortel ; quatre-vingts ans de vertus n'ont pu le soustraire à la loi commune. Ah ! du haut des demeures célestes où ton ame s'est fixée à jamais, Oberlin ! jette encore sur nous un regard de compassion et d'amour, vois près de ta cendre vénérée tous les âges, toutes les religions se presser et se confondre ; vois ton nom, gravé en lettres d'or dans les fastes de l'humanité et de l'histoire, attester à jamais à la postérité que pour vivre dans la mémoire des hommes il ne faut pas être un de ces vastes génies, dont les hautes conceptions bouleversent les empires.

Adieu pour la dernière fois, ô le plus vertueux des hommes ! repose en paix sous cette terre fécondée par tes nobles travaux ; repose au milieu des heureux que tu as faits ; au milieu de ce peuple que tu tiras du néant ; repose près de ce fils chéri, naguères ton orgueil et ton espoir, et qui devait combler le vuide immense que ta mort devait nous laisser. Ici chaque jour, prosternés sur ta tombe, ceux que tu laisses après toi viendront t'apporter le tribut de leurs larmes et de leurs regrets ; le pélerin, qui viendra visiter nos montagnes, s'arrêtera en disant : Ici repose le moderne Las Casas, l'apôtre de l'humanité. Adieu, pour la dernière fois !

L'auteur de cette relation, dans l'émotion de son propre cœur, cherche la fin de son récit. Il vit disparaître la dépouille mortelle de cet homme si extraordinaire ; il entendit rouler la terre sur le cercueil ; il fut témoin des gémissemens, mais aussi de la pieuse résignation de l'intéressante population de cette vallée solitaire des Vosges ; il suivit des yeux, encore humides de larmes, les habitans qui pensifs et abattus rentraient dans les villages ou regagnaient les demeures lointaines et retirées, où ils ne verront plus paraître leur protecteur et leur père ; il retourna avec la famille au presbytère qui, quoique privé d'Oberlin, verra — idée consolante pour ce pays — la tradition de ses vertus conservée et ses œuvres continuées par un gendre, digne de lui, et qu'il a lui-même choisi pour son successeur. Il a visité le lendemain le tertre élevé sur la fosse, que la main de la reconnaissance avait couvert de gazons et semé de fleurs, et en saluant la simple croix qui marque la place, où repose celui qui fut le modèle de toutes les vertus, l'auteur de tant de bien opéré dans l'intérêt

de la civilisation et de l'humanité, il s'est dit :
Cet homme humble et modeste n'approuverait
pas un monument somptueux érigé sur sa tombe.
Eh bien! Que les nombreux amis et admirateurs
de ce noble défunt, répandus dans tous les pays,
se réunissent pour un grand acte de charité, que
la munificence des riches se joigne à la libéralité
des personnes moins fortunées, que l'obole du
pauvre ne soit pas exclue, pour fonder et doter
un établissement de bienfaisance adapté aux
localités et répondant aux besoins de cette intéressante vallée ; que ce *Monument vivant* porte
le nom à jamais béni d'Oberlin, et que les siècles
futurs apprennent encore une fois que notre
temps a su apprécier tous les genres de mérites.

STROPHEN

AN

OBERLIN'S GRABE,

GESPROCHEN

VON

EHRENFRIED STOEBER.

Jünger Jesu! Friede deinem Staube!...
Du, Befreiter von der Erde Pein!
O dich führt dein wandelloser Glaube
Sieggekrönt in Gottes Himmel ein.
Oberlin, es fliessen unsre Thränen;
Ach der Vater schwand! ein heisses Sehnen
Weihet dir die tiefbewegte Brust.

Vater! ach dies warst du ja uns Allen,
Du, Beglücker in dem Felsenthal!
Sieh dein Werk, Gott sieht's mit Wohlgefallen;
Unvergänglich dein Gedächtnissmahl!
Schwinden mögen Fürsten, mögen Helden
Die dem Ruhm gelebt! doch dankbar melden
Wird die Nachwelt deiner Thaten Glanz.

STROPHES

PRONONCÉES

SUR LA TOMBE D'OBERLIN

PAR

EHRENFRIED STOEBER.

DISCIPLE de Jésus, que la paix soit avec tes cendres !

Tu es délivré des souffrances de la terre !

Ta foi inébranlable te conduit en triomphe

Dans les royaumes de ton Dieu.

OBERLIN, nos larmes coulent ;

Hélas ! un père nous est enlevé ! de vifs regrets

Agitent nos cœurs émus.

Père ! oui tu le fus pour nous tous,

Toi, bienfaiteur de cette vallée des rochers !

Contemple tes œuvres, Dieu lui-même y jette un regard de

bienveillance ;

Ta vie est un monument impérissable !

Qu'ils soient voués à l'oubli ces princes, ces héros

Qui n'ont vécu que pour la gloire !

La postérité reconnaissante conservera toujours le souvenir

de tes belles actions.

Berge mag der Glaube wohl versetzen,
Felsen wichen, Trefflicher, vor dir!
Kindlich-treu den heiligen Gesetzen,
Dem Gebote Gottes, warst du hier,
Darum hat er Grosses dir gespendet,
Er der gern uns seine Engel sendet,
Wildniss schufest du zum Paradies!

Brachtest den Verwaisten Christus Lehre,
Strahltest Licht in ihre dunkle Nacht,
Hohes Vorbild, deines Gottes Ehre,
Du, Verkünder seiner Güt' und Macht!
Darf ein Sterblicher schon hier auf Erden
Als ein Heiliger gepriesen werden,
Edler OBERLIN! so warst es du!

Halleluja! du hast überwunden,
Erndtest deiner Thaten schönen Lohn!
Halleluja! du bist treu erfunden,
Weilest nun an deines Gottes Thron,
Wandelst in dem Chor der sel'gen Geister,
Vor Jehovah deinem Herrn und Meister,
Herrlich hat dein Hoffen sich bewährt.

Oui la foi sait transporter des montagnes,

Les rochers reculèrent devant tes généreux efforts!

Fidèle, comme l'enfant à son père,

Tu le fus aux commandemens de ton Dieu;

C'est pour cela que Dieu t'a orné de tant de rares qualités,

Lui qui aime tant à nous envoyer ses anges;

Tu changeas ce désert en un paradis florissant.

Tu enseignas à des êtres abandonnés la religion du Christ,

Tu répandis la lumière dans leur nuit obscure,

Sublime modèle, homme de Dieu,

Héraut de sa bonté et de sa puissance!

Ah s'il est permis de saluer un mortel

Du titre de Saint;

Certes c'est toi, immortel OBERLIN!

Alléluja! tu es sorti vainqueur de la lutte de la vie,

Tu recueilles la récompense de tes nobles actions.

Alléluja! tu fus reconnu fidèle,

Tu sièges au pied du trône de ton Dieu,

Tu marches dans les chœurs des esprits célestes,

Devant Jéhovah ton seigneur et ton maître,

Ton espérance s'est réalisée de la manière la plus brillante.

Unsern Blicken nur bist du entschwunden,

Welten eint der Liebe süsses Band,

O wir bleiben innig dir verbunden

Bis zum Wiederseh'n im Vaterland.

Mögest du mit Segen uns umschweben!

Huldvoll in dem trüben, dunklen Leben

Uns ein Führer, uns ein Schutzgeist seyn!

Tu n'a disparu que devant nos regards,

L'amour est le lien qui unit les mondes,

Nous te resterons à jamais dévoués,

Jusqu'au revoir dans notre patrie commune.

Puisse-tu nous environner de tes bénédictions !

Puisse-tu dans cette vie de tristesse et de ténèbres

Etre notre guide, notre génie tutélaire.

www.ingramcontent.com/pod-product-compliance
Lightning Source LLC
Chambersburg PA
CBHW061627060726
47597CB00005B/1836